Парамаханса Йогананда
(1893–1952)

Мировой кризис

Парамаханса Йогананда

Серия «Искусство жить»

Неформальные лекции и эссе, публикуемые в серии «Искусство жить» (*"How-to-Live" Series*), впервые появились в журнале *Self-Realization*, издаваемом обществом Self-Realization Fellowship. Подобные материалы также содержатся в различных сборниках и аудио- и видеозаписях SRF. Серия «Искусство жить» была создана по многочисленным просьбам наших читателей, желавших иметь под рукой карманные брошюры, освещающие различные аспекты учений Парамахансы Йогананды. Данная серия публикаций содержит духовные наставления Шри Йогананды и его ближайших учеников, монахов и монахинь ордена Self-Realization Fellowship, многие из которых долгие годы обучались у признанного во всем мире духовного учителя. Время от времени эта серия пополняется новыми публикациями.

Название англоязычного оригинала, издаваемого
обществом Self-Realization Fellowship, Лос-Анджелес, Калифорния:
World Crisis

ISBN: 978-0-87612-375-1

Перевод на русский язык: Self-Realization Fellowship

Copyright © 2025 Self-Realization Fellowship

Все права защищены. Без предварительного разрешения Self-Realization Fellowship перепечатка (за исключением кратких цитат для рецензий) и распространение книги «Мировой кризис» (*World Crisis*) в любой форме — электронной, механической или любой другой, существующей сегодня или в будущем, включая фотокопирование, звуковую запись или хранение ее в информационных и принимающих системах — является нарушением авторских прав и преследуется по закону. За справками обращайтесь по адресу: Self-Realization Fellowship, 3880 San Rafael Avenue, Los Angeles, California 90065-3219, USA

 Авторизовано Международным издательским советом Self-Realization Fellowship

Название общества Self-Realization Fellowship и его эмблема, помещенная выше, присутствуют на всех книгах, аудио- и видеозаписях, а также других публикациях SRF, удостоверяя читателя, что он имеет дело с материалами организации, которая основана Парамахансой Йоганандой и передает его учения точно и достоверно.

Первое издание на русском языке, 2025
First edition in Russian, 2025
Издание 2025 года
This printing 2025

ISBN: 978-1-68568-281-1

5062-J8894

— ✧ —

Существует Сила, способная осветить ваш путь к здоровью, счастью, покою и успеху. Вам нужно лишь обратиться лицом к этому Свету.

— Парамаханса Йогананда

— ✧ —

Мировой кризис

Парамаханса Йогананда

Лекция, прочитанная 19 мая 1940 года в городе Энсинитас, Калифорния

Анализ, который я представлю сегодня, основан на здравом смысле и моем личном опыте. Здравый смысл являет собой интуитивную реакцию на изменения, происходящие в окружающей среде. Развив в себе интуитивный здравый смысл, вы отыщете решения всех своих проблем.

Это не политическая речь. Интересы мои зиждутся в сфере духовности; я всегда буду жить и действовать именно в этой области, и в сферу Духа я отправлюсь после физической смерти. Я вещаю только с этого уровня сознания. Еще будучи юношей, в Индии я общался с представителями обеих политических партий, но ни в одну из них не вступал. Я уважал обе точки зрения, однако для себя решил, что смогу сделать больше полезного на духовном поприще, ибо лишь духовная сила способна воистину изменить мир. Мои лекции принесут пользу только в том случае, если духовно преобразуют человеческие жизни. В будущем, уже после того, как я покину этот мир, вы поймете, что я пытался для вас сделать. Если вы последуете конструктивным советам, которые я дам вам сегодня, однажды вы преисполнитесь чувства благодарности.

Я подумал, что благодаря своим духовным качествам Америка сможет миновать бедствия, через которые проходят другие нации. Однако грядет масштабный кризис, подобных которому эта страна еще не видела. А все потому, что сейчас акцент сделан на растущие траты и налоги. Что вы будете делать, когда обрушится это мнимое процветание? Появятся миллионы безработных. Большая часть людей живет в блаженном неведении, не осознавая надвигающейся опасности.

В мире происходят революционные изменения. Они преобразуют финансовую систему. На кармическом небосклоне Америки я вижу доброе предзнаменование: через что бы мир ни проходил, для нее все закончится лучше, чем для большинства других стран. Но Америка будет по-прежнему переживать невзгоды, страдания и перемены. Вы привыкли к благоденствию, и, когда вас склоняют к более простой жизни, вам это не по вкусу. Не так-то и просто быть бедным после того, как побыл богатым. Вы даже не представляете, какое влияние окажут на вас эти перемены на протяжении грядущих лет. Эта страна еще не видела такого контраста в уровне жизни — пропасти между бедными и богатыми.

Возникновение денежной системы

Представьте, как первобытные люди обеспечивали безопасность своей жизни. Маленькое сообщество проживало на небольшом участке земли. Человек выживал за счет грубой физической силы и сноровки. Он занимался охотой и собирательством. Позднее, когда сообщество начинало разрастаться и разбиваться на кланы, наиболее сильные забирали себе львиную долю провизии и лучшие земли, вследствие чего вспыхивали конфликты и войны. Прав был тот, кто сильнее. Это неверная позиция. Когда люди поняли, что уничтожение жизни и собственности нарушает поставки продовольствия, они перешли к бартеру: у одного было мясо, у другого — зерно, и их можно было обменять. И все же простой обмен товарами зачастую создавал неудобства и не приносил удовлетворения обеим сторонам. Тогда возникла денежная система, и поначалу в качестве валюты люди использовали ракушки. Со временем громоздкие ракушки были вытеснены монетами, изготовленными из металла.

Все, что использовалось как предмет обмена, должно было иметь определенную ценность. Когда-то монеты делали из железа, однако оно было слишком дешевым и тяжелым. Наиболее распространенными металлами стали медь, серебро и, наконец, золото — ввиду их качеств и относительной дефицитности, придававшей им ценность. Они использовались не только для производства монет, утвари и украшений, но и в лекарствах. Золото, например, очищает кровь, а железо ее обогащает. Каким бы ни было положение дел у золотомонетного стандарта, эту ценность у золота не отнять. Больше всего его ценили за то, что оно дефицитно и внешнее привлекательно, а также не тускнеет. Именно по этой причине его стали широко использовать для изготовления украшений. Но современное поколение от золота подустало. В непрестанных поисках чего-то нового они уже «добрались» до платины, которая, хоть и ценнее других металлов, но выглядит при этом как серебро!

Что сегодня стало с золотом как мерой обмена? Давайте возьмем в пример Соединенные Штаты. Согласно системе золотого стандарта, каждая купюра в десять долларов должна обеспечиваться эквивалентным количеством золота в Департаменте казначейства США. В 1934 году запасы золота уже не могли обеспечить все бумажные купюры, находившиеся в обороте. В Америке начался кризис. Стране пришлось отказаться от золотого стандарта. Однако серебра в мире было более чем достаточно, поэтому Соединенные Штаты начали выпускать серебряные сертификаты — бумажные деньги, которые могли быть обменяны на серебро. Но растущие расходы на войну и вооружение не позволят стране сохранять достаточный резерв серебра для обеспечения денежной массы.

Что произойдет, если Соединенные Штаты откажутся от золотого и серебряного стандарта и начнут печатать казначейские билеты? У нас фактически появится бартерная система с сертификатами, выпущенными государством. Правда, они не годятся для торговли с другими странами.

Я слышал о неких «клубах обмена», в которых каждый участник в обмен на ту или иную работу получает ваучер, имеющий определенную ценность. Вместо традиционных купюр там обмениваются ваучерами. Например, при оплате услуг врача пациент вместо денег дает ему ваучер на определенную сумму, а тот может отправиться в клуб и использовать его для оплаты услуг маляра. Мой информатор говорит, что такая система работает. Я вовсе не продвигаю эту программу — просто довожу до вашего сведения.

Законная взаимосвязь между деньгами и трудом

Деньги появляются вследствие чьего-либо труда. Те, кто лишь внушает себе: «День ото дня я становлюсь все богаче», обнаружат, что такой подход не работает. Позитивное мышление должно подкрепляться работой. Если вы просто откинетесь на спинку кресла и будете ожидать удовлетворения собственных нужд, вы далеко не уедете. Для достижения успеха надобно задействовать мозг, предоставленный вам Богом. В Соединенных Штатах предприниматель, желающий стать успешным, должен работать не покладая рук. Европейский предприниматель может позволить себе двухчасовой перерыв на отдых днем, в то время как американский предприниматель помнит об огромной конкуренции. Если он не будет трудиться усерднее, он проиграет в этой борьбе. Это оказывает изнурительное воздействие, поскольку нервная система человека не рассчитана на интенсивную работу в течение более пяти часов без перерыва.

Все хотят денег, но большинство людей не горит желанием работать. Человек то и дело норовит получить что-то задаром. Каждому необходимо прилагать усилия для получения желаемого. До тех пор, пока все люди не начнут работать и ценить честный труд, в мире так и будет наблюдаться ситуация с неравномерным распределением благ. Работа благотворна для всех. Обленившихся толстосумов — так называемых праздных богачей — перестает заботить судьба окружающих, они становятся безразличны к проблемам тех, кто с трудом сводит концы с концами. Они черствеют и теряют эмпатию. В богатстве эгоизм порой становится проклятьем. Несмотря на то, что стремление к зарабатыванию денег потенциально может дать ростки жадности и эгоизма, оно все же способно вдохновить человека на саморазвитие. Степень этого развития устойчиво коррелирует с пользой, которую человек приносит окружающим и миру вследствие обретения им личного успеха. Богачи, с радостью помогающие другим в моменты нужды, используют свои средства надлежащим образом.

Мозг и труд должны эволюционировать гармонично

В конкурентной среде эволюционировать должны как мозг, так и труд. Руки, ноги, желудок, мозг — все это необходимо для функционирования человеческого тела.

Руки и ноги — работники, а мозг — управляющий. Их взаимодействие обеспечивает жизнедеятельность тела. Аналогично этому, капитал и труд — мозг управляющего и руки рабочего — сделали эту страну такой, какой она сегодня является. Поскольку оба элемента важны, работать им надлежит в гармонии.

Как говорится, чтобы узнать, каков пудинг, надо его отведать. Эта страна — самая богатая в мире. Если вы сравните нищего американца с нищим из любой другой страны, вы поблагодарите судьбу за то, что живете именно здесь. Средний доход рабочего в Индии — три доллара в месяц! Вы можете себе представить, как люди выживают на эту сумму? Многие там едят лишь рис со щепоткой соли. Качество жизни американского рабочего выше, чем у англичанина, немца или гражданина любой другой страны, где мне доводилось бывать. Вы богатейшие люди на планете, вашим рабочим платят больше, чем где-либо еще.

И все же рабочий борется с капиталистом, говоря ему: «Дай нам больше денег!», а капиталист ему отвечает: «Я бы и рад, но где их взять?» Предприниматели тратят 75 центов от каждого заработанного доллара на оплату налогов. Как они могут поднять зарплату? В таком случае и рабочий, и капиталист обнаружат: деньги у них на исходе, а государство их предоставить не может. Что тогда? Государство национализирует бизнес, чтобы спасти его от коллапса. Но вы еще можете этого избежать. Вы избираете администрацию для получения помощи, а не контроля с их стороны. Правительство должно показывать людям, как зарабатывать деньги, а также с большей готовностью помогать бизнесу в его развитии и создании рабочих мест.

К избранию правительства необходим мудрый подход

Чтобы этого достичь, нужно мудро подходить к избранию правительства. Американская система голосования обладает одним серьезным изъяном. В половине случаев люди не знают, почему они голосуют так, а не иначе. Избирают обычно того, кто может себе позволить потратить крупную сумму на создание своего позитивного имиджа в прессе. Система голосования должна быть основана на признании реальных заслуг кандидата, а не на образе, популяризованном с помощью денег. Когда речь заходит об избрании ключевых фигур в правительстве, решающий голос должен звучать от великих ученых и государственных деятелей.

Непогрешимых правительств не бывает, тем не менее, уважайте свое правительство и сотрудничайте с ним. Я верю в последовательность. Нет ничего более отвратительного, чем воспользоваться гостеприимством нации, а затем пытаться наносить ей вред. Предательски настроенные люди не смеют распространять свое мнение публично. В ошибках, совершенных под давлением чувственного рабства, есть элемент принуждения, но предательство

— добровольный, умышленный акт. Когда книжники и фарисеи спросили Иисуса, следует ли им соблюдать Моисеев закон и побить Марию Магдалину камнями за прелюбодеяние, он им ответил: «Кто из вас без греха, первый брось на нее камень»[1], после чего они стали уходить один за другим. При этом Иисус, просивший Бога помиловать даже своих палачей[2], сказал о предателе Иуде: «Горе тому человеку, которым Сын Человеческий предается: лучше было бы этому человеку не родиться»[3]. Иисус ясно дал понять, что предательство — более тяжкий грех. Преднамеренный акт предательства презираем Богом.

«Я молюсь о том, чтобы Америка никогда не утратила своей универсальности»

Несколько лет назад, когда я путешествовал по Европе на своем пути в Индию, я обнаружил, что живущие там люди представляют Соединенные Штаты как место, где царствует материализм, где делают деньги, как дом киноактёров-миллионеров и гангстеров. Я им говорил, что в большинстве случаев это не так. Я нахожу американцев трудолюбивыми и добросердечными. В Америке прекрасно то, что здесь для каждого открыты возможности: это «плавильный котел наций». Я молюсь о том, чтобы Америка никогда не утратила своей универсальности.

---

1 Ин. 8:7.

2 «Прости им, ибо не знают, что делают» (Лк. 23:34).

3 Мф. 26:24.

Те из вас, кто любит свободу и внял словам Линкольна: «Это правительство народа, избранное народом и для народа» — придерживайтесь этого идеала. Я надеюсь, что эта страна всегда будет оставаться великим оплотом демократии, где люди могут свободно мыслить и выражать свои взгляды, не опасаясь угодить за это в концентрационный лагерь. В Соединенных Штатах вы можете выдвигать предложения своему правительству. Пишите своим представителям в администрации, объясняйте им, что готовы и дальше финансово содействовать уплатой налогов, но в то же время вам необходимо обеспечивать и себя; а если налоги и цены растут на фоне падения зарплат — как же вам это делать? Правительству надлежит думать не о новых формах налогообложения, а о мерах стимулирования экономики, чтобы люди могли себе позволить платить налоги, не оставаясь при этом без гроша.

Вместо того чтобы повышать налоги, тем самым внушая людям, что они не способны ни в чем преуспеть, правительство должно поощрять предприимчивых людей, которые могут обеспечить рост бизнеса и его дальнейшее всестороннее развитие, что, в свою очередь, приведет к созданию новых рабочих мест. Именно свобода ведения бизнеса сделала эту страну великой.

Злоупотребление существующей денежной системой породило ощущение нестабильности. Если люди просто лишь накапливают средства, не вкладывая их в создание рабочих мест или не содействуя благосостоянию населения иным образом, это нарушает духовный закон. Несправедливость, нечестность, жадность — все это приводит к финансовым коллапсам, подобным биржевому краху 1929 года. Когда состоятельные эгоисты прикипают к своему богатству и не воздают рабочим должное, это порождает неупорядоченность. Именно такое мы и наблюдали. «Трудящийся достоин награды за труды свои», — говорит Писание[4]. Каждому надобно собственным трудом вносить посильный вклад в благосостояние страны и населяющих ее людей — как богатому, так и бедному. Те, кто богатеет в бизнесе, должны делиться своим богатством, и я вижу, что здесь, в Америке, такие люди более щедры по отношению к малоимущим, чем в большинстве других стран. Мне импонируют и предприниматели в Индии, поскольку они, как правило, тоже не безразличны к нуждам других людей.

Сосредоточьтесь на великом духе братства

Мир по-настоящему нуждается в великом духе братства. Наши *ашрамы* являют собой прекрасный пример того, как это работает. У нас есть земля, мы делимся едой, мы предоставляем медицинское обслуживание, мы распределяем обязанности, мы работаем на благо людей — и мы счастливы. Если бы я, как глава общества, начал строить по этому поводу умозаключения и

---

4 Лк. 10:7.

полагать, что должен иметь больше остальных, что бы тогда случилось? Произошел бы разлад. Но если мы продолжим следовать учениям Христа и других великих душ, мы будем делиться с окружающими, не присваивая себе ничего. Все, что я когда-либо получал, я направлял на деятельность организации, дабы от этого могли получить пользу все. Я думаю обо всех вас, а не о себе. Я горд тем, что живу согласно духовному закону. Мне ничто не принадлежит, но при этом я знаю, что, если буду голодать, тысячи людей в разных уголках планеты накормят меня, ибо я и сам делился с тысячами людей. Тот же закон будет работать на каждого, кто думает не о себе как о потенциальном голодающем, а о человеке, уже пребывающем в нужде.

В мире достаточно денег, чтобы обеспечить все страны, и еды тоже достаточно, чтобы накормить всех. Необходимо справедливое распределение благ. Если бы человек не был эгоистичен, голодающих и малоимущих не существовало бы вовсе. Нужно сосредоточиться на братстве людей. Каждый должен жить для всех, любя окружающих как своих близких. Я убежден, что, если бы кто-то в Маунт-Вашингтон[5] голодал, мы бы все объединились и позаботились о нем. Такой дух общности должен жить в людях всех стран.

---

[5] Международная штаб-квартира Self-Realization Fellowship расположена на вершине холма Маунт-Вашингтон, откуда открываются виды на Лос-Анджелес. — *Прим. изд.*

Дома милосердия унижают человеческое достоинство. Каждому трудоспособному индивидууму необходимо предоставлять оплачиваемую работу, а не делать его праздным получателем благотворительных платежей. Пожилые и немощные люди также не должны рассматриваться обществом как объект для жалости и подачек. Каждый гражданин Америки внес свой вклад, чтобы сделать ее такой, какая она есть сегодня.

Соединенные Штаты сделали похвальный шаг вперед, введя систему пенсионных платежей по старости и тем самым даровав возрастным гражданам чувство стабильности. Людям, получающим пенсию, а не благотворительные подачки, когда они в этом нуждаются, возвращают инвестиции, сделанные ими когда-то в Америку. Эти деньги принадлежат им по праву. Однако такие пенсии необходимо платить начиная с возраста пятидесяти пяти лет, а не шестидесяти пяти, как сейчас. Потратив две трети из этих пятидесяти пяти лет на работу и поддержку страны, гражданин должен получить в награду некоторое количество лет на отдых, глубокие размышления и наслаждение жизнью, прежде чем уйти в мир иной. Все индийские мудрецы являются сторонниками такого подхода. После пятидесяти пяти нужно наслаждаться всем хорошим: искусством, музыкой, историей, наукой, философией, медитацией, а также многообразными чудесами природы, которые Бог поместил на землю для нашего вдохновения. Человек не должен проживать всю свою жизнь в работе для удовлетворения потребностей тела, будучи прикован к одной фабрике или конторе в течение восьмичасового рабочего дня до самой смерти.

Весь мир находится на грани войны[6]. Знаете ли вы, куда направляет вас Бог? Прямо сейчас разрабатываются более совершенные орудия убийств. И когда уже каждый будет вооружен до зубов, Бог покажет вам, что вооружение как таковое не способно остановить войну. Если я использую меч, мой ближний достанет такой же, но побольше. Если я покажу ему ружье, он продемонстрирует мне такое же, но побольше. Люди устали от непрестанной гонки вооружений. Такой подход никогда не приведет к миру. Страны, которые вовлечены в этот конфликт, пока не хотят договариваться о мире, но им придется сделать это в будущем — когда они уже растеряют значительную часть богатств и погубят всех молодых. Если бы политиков, поддерживающих войну, обязали отправиться на передовую, они бы не торопились поощрять боевые действия!

Устремитесь к простой жизни и возвышенному мышлению

Как подготовиться к грядущему мировому кризису? Устремитесь к простой жизни и возвышенному мышлению. Если вы в скорейшем времени не произведете существенные перемены в своем бытовом укладе, вас

---

6 Имеется в виду Вторая мировая война.

ждет неприятный сюрприз: вы и представить себе не можете, как изменятся условия жизни. У вас есть еда и одежда, даже предметы роскоши, которых нет у граждан других стран. Лучше всего привыкать к простой жизни уже сейчас. Обзаведитесь приличным жильем, не превышающим по площади ваши потребности, — желательно, в регионе с умеренными налогами и расходами на жизнь. Производите собственную одежду, консервируйте еду. Выращивайте овощи, и, если возможно, держите в хозяйстве несколько кур для производства яиц. Трудитесь в огороде самостоятельно, иначе вам придется тратиться на услуги огородника. Живите просто и наслаждайтесь тем, что предоставляет вам Бог, избегая мнимых удовольствий и дорогих развлечений. В Божьей природе таится много всего, что может увлечь ум человека. Используйте свободное время для чтения стоящих книг, медитации и наслаждения незамысловатой жизнью. Жить просто, меньше тревожиться и иметь в своем распоряжении время для поисков Бога — разве это не лучше, чем гигантский дом, две машины и неподъемные платежи по кредитам и ипотеке? Человеку следует вернуться обратно на землю — со временем так и произойдет. Если вы с этим не согласны, в будущем вы обнаружите, что ошибаетесь. Но вне зависимости от того, где вы живете и работаете, откажитесь от предметов роскоши, покупайте менее дорогую одежду, обеспечивайте себя вещами, в которых действительно нуждаетесь, выращивайте собственную еду и регулярно откладывайте деньги для большей уверенности в завтрашнем дне.

Все думают о том, на что можно потратить деньги, но лишь немногие думают о том, как бы эти деньги сберечь. Не тратьте их направо и налево, ибо вам придется научиться обходиться без них. Родители должны демонстрировать своим детям пример того, как можно сберегать средства и избегать излишних трат.

Откладывать деньги вы можете только посредством развития самоконтроля. Внемлите сему предупреждению. Прислушайтесь к лучшему совету, который я вам даю, и вам не придется столкнуться с великими невзгодами. Не растрачивайте деньги на ерунду. Если вы транжирите их на предметы роскоши, вы останетесь у разбитого корыта. Не приобретайте вещи в кредит: если у вас нет наличных — воздержитесь от покупки. Не заимствуйте денег: ввиду высокой процентной ставки вам будет сложно погасить долг. Нужно научиться экономить на всем. Не внушайте себе мысли о бедности, но в то же время дисциплинируйте себя финансово, дабы в будущем вы могли располагать средствами на оплату счетов — за вас ведь никто этого не сделает. Храните сбережения в наличности и государственных ценных бумагах. Вкладывайте деньги в ценные бумаги, которые находятся под федеральной защитой, такие как казначейские облигации США и казначейские векселя США.

Так вы помогаете государству и в то же время сберегаете собственные средства.

Бог — ваша величайшая защита

Согласно традиции, я, как *санньяси*, должен быть свободен от материальных обязанностей и медитировать на берегу Ганга. Однако в этой стране я вынужден работать не покладая рук, дабы обеспечить свою большую духовную семью! Моя участь в этой жизни — идти на жертвы и страдать во благо всех. Каждый, кто придет ко мне с правильным настроем и верой в Бога, уже никогда не будет прежним. Бог показал мне, как сломить потаенные оковы наваждений, что сковывают людские души. Когда я даю сие благословение, из меня «исходит сила»[7]. Посему приходите сюда с правильным настроем — и воздастся вам.

Особый акцент я делаю на то, что вы должны всерьез заняться поисками Бога посредством медитации. Self-Realization Fellowship предоставляет вам возможность учиться и духовно развиваться на дому. Станьте членом Self-Realization Fellowship. Читайте о бессмертных истинах в *Уроках SRF*. Изучив теорию, вы поймете всю метафизику, а если вы будете еще и практиковать эти великие учения, то со временем можете стать мастером. Не мешкайте, ибо вам еще многое предстоит пройти.

---

[7] «Но Иисус сказал: прикоснулся ко Мне некто, ибо Я чувствовал силу, исшедшую из Меня» (Лк. 8:46).

Мировой кризис

Я говорю с вами не на эмоциях, а посредством вибраций моего личного опыта[8]. Вступить в контакт с Богом можно в любой момент, в любой день! Ощутить Его вдохновенное присутствие можно в любое время и в любом месте: всякий раз, когда вы о Нем подумаете, Он будет одаривать вас вдохновением. В каждом приятном переживании вы будете созерцать Самого Бога.

За тенью этой жизни покоится Его дивный Свет. Медитируя, вы повсюду найдете двери, ведущие к Нему. Ни одно бедствие в мире не сможет отнять у вас Радость и Покой, которые вы ощутите в общении с Ним.

---

8 Вибрации Истины, которые внутренне ощущают великие мастера, задействуя интуитивную способность души к восприятию. — *Прим. изд.*

О Парамахансе Йогананде
(1893–1952)

«В жизни Парамахансы Йогананды в полной мере проявился идеал любви к Богу и служения человечеству... Хотя большую часть своей жизни Йогананда провел за пределами Индии, он тем не менее занимает особое место среди наших великих святых. Его работа продолжает приносить свои плоды и сияет все ярче, привлекая людей всего мира на путь духовного паломничества».

— из сообщения индийского правительства, посвященного выпуску памятной марки в честь Парамахансы Йогананды

Парамаханса Йогананда родился в Индии 5 января 1893 года. Он посвятил свою жизнь служению людям всех рас и вероисповеданий, помогая им осознать и полнее выразить в своей жизни истинную красоту, благородство и божественность человеческого духа.

По окончании Калькуттского университета в 1915 году Парамаханса Йогананда принял обет монаха древнего индийского монашеского ордена Свами. Двумя годами позже он приступил к главному труду своей жизни — духовному наставничеству, основав йогическую школу («how-to-live» school). Сегодня во всей Индии уже насчитывается двадцать одно учебное заведение такого рода, где традиционные школьные предметы сочетаются с практикой йоги и воспитанием духовных идеалов. В 1920 году его пригласили на Международный конгресс религиозных либералов в Бостоне в качестве представителя от Индии. Его выступление на конгрессе и последовавшие за ним лекции в городах Восточного побережья

США были приняты с огромным энтузиазмом, и в 1924 году он отправился в трансконтинентальное лекционное турне.

На протяжении трех последующих десятилетий Парамаханса Йогананда вносил неоценимый вклад в распространение на Западе теоретических и практических знаний о духовной мудрости Востока. В 1920 году он основал религиозную организацию, объединяющую людей разных конфессий, — общество Self-Realization Fellowship — и разместил ее главный международный центр в Лос-Анджелесе. Написав множество трудов, совершив ряд больших лекционных турне и основав многочисленные храмы и медитационные центры SRF, он сумел познакомить тысячи искателей истины с древней философией йоги и ее универсальными методами медитации.

В наши дни его духовная и гуманитарная работа продолжается под руководством брата Чидананды, президента Self-Realization Fellowship/Yogoda Satsanga Society of India. Помимо издания письменных трудов Парамахансы Йогананды, его лекций, неформальных бесед и всеобъемлющей серии *Уроков Self-Realization Fellowship*, общество курирует работу храмов, ретритов, медитационных центров и монашеских общин Self-Realization Fellowship, а также Всемирного круга молитвы.

Освещая в своей статье жизнь и труд Парамахансы Йогананды, доктор наук и профессор кафедры древних языков в колледже Скриппс Куинси Хау-младший написал о нем следующее: «Парамаханса Йогананда принес из Индии не только вечную надежду на постижение Бога, но и практический метод, при помощи которого духовные искатели разных толков могут быстро продвигаться к этой цели. Духовное наследие Индии, первоначально признанное на Западе лишь на уровне чего-то возвышенного и абстрактного, стало доступным в наше время в виде практического опыта для всех тех, кто стремится познать Бога — не по ту сторону, а здесь и сейчас... Самый возвышенный метод созерцания Йогананда сделал доступным для всех».

Глоссарий

Аватар (avatar). От санскр. *avatara* («нисхождение»); тот, кто обретает единство с Духом, а затем возвращается на землю, чтобы помогать человечеству.

Астральный мир (astral world). Тонкая сфера света и энергии, лежащая в основе физического мира. Каждое существо, каждый предмет, каждая вибрация в физическом мире имеет своего астрального двойника, поскольку астральный мир («небеса») содержит в себе энергетическую копию физического мира. Более подробное описание астрального и еще более тонкого каузального (идеального) мира можно найти в 43-й главе книги Парамахансы Йогананды «Автобиография йога».

Аум (Ом) (Aum, Om). Санскритское корневое слово-звук, символизирующее тот аспект Всевышнего, который творит все сущее и поддерживает в нем жизнь; основа всех звуков; Космическая Вибрация. У тибетцев ведический *Аум* стал священным словом *Хам*; у мусульман — *Амин (Аминь)*; у египтян, греков, римлян, иудеев и христиан — *Аминь*. Мировые религии утверждают, что все сотворенное рождается в космической вибрационной энергии *Аум* (Аминь, Слово, Святой Дух). «В начале было Слово, и Слово было у Бога, и Слово было Бог... Все чрез Него начало быть, и без Него ничто не начало быть, что начало быть» (Ин. 1:1, 3).

Ашрам (ashram). Духовная обитель, часто — монастырь.

Бхагавад-Гита (Bhagavad Gita). «Песнь Господня»; древнее священное писание Индии, часть эпического сказания «Махабхарата». Представленная в форме диалога между *аватаром* Господом Кришной и его учеником Арджуной накануне исторической битвы на Курукшетре, Бхагавад-Гита является глубоким трактатом о йоге — науке единения с Богом — и вечным рецептом счастья и успеха в повседневной жизни.

Бхагаван Кришна (Господь Кришна). *Аватар*, живший в Древней Индии за много веков до рождения Иисуса Христа. Его учение о Йоге представлено в священной Бхагавад-Гите. В индуистских писаниях слово «Кришна» имеет несколько значений, одно из которых — «Всеведущий Дух». Поэтому «Кришна», как и «Христос», — это духовный титул, обозначающий божественное величие *аватара*, его единство с Богом.

Гуру (Guru). Духовный учитель. *Гуру-гита* (стих 17) точно описывает гуру как «того, кто рассеивает тьму» (от *гу* — «тьма» и *ру* — «тот, кто рассеивает»). Зачастую так называют любого учителя или инструктора, что само по себе ошибочно. Истинный, просветленный гуру — это тот, кто обрел власть над самим собой и осознал свое тождество с вездесущим Духом. Только такой гуру обладает надлежащей духовной квалификацией для того, чтобы направлять богоискателя в его внутреннем духовном поиске.

Ближайшим эквивалентом термина *гуру* на английском языке выступает слово «Мастер». Именно его зачастую используют ученики при уважительном обращении к Парамахансе Йогананде или его упоминании.

Духовное око (spiritual eye). Единое око интуиции и вездесущего восприятия в центре Христа (*Кутастха*), расположенном в межбровье; врата в наивысшие состояния сознания. В глубокой медитации духовное, или «чистое», око можно узреть в виде сияющего золотого кольца, обрамляющего темно-синюю сферу, внутри которой горит яркая звезда. Этот всеведущий глаз упоминается в священных писаниях как «третий глаз», «звезда Востока», «внутренний глаз», «голубь, сходящий с небес», «глаз Шивы» и «глаз интуиции».

Иисус также говорил о духовном оке: «Светильник для тела есть око. Итак, если око твое будет чисто, то и все тело твое будет светло...» (Мф. 6:22).

Йога (от санскр. *уиj* — «единение») — единение индивидуальной души с Духом, а также методы, с помощью которых достигается это единение. Существуют различные методы йоги; Парамаханса Йогананда обучал *Раджа-йоге* — «царственной», или «совершенной», йоге, которая делает акцент на практике научных техник медитации. Мудрец Патанджали, выдающийся толкователь йоги, выделил восемь ступеней, ведущих практикующего *Раджа-йогу* к *самадхи* (единению с Богом), а именно: (1) *яма,* нравственное поведение; (2) *нияма*, соблюдение религиозных предписаний; (3) *асана*, правильная поза для достижения неподвижности тела; (4) *пранаяма*, контроль над *праной*, тонкими жизненными токами; (5) *пратьяхара,* самоуглубление; (6) *дхарана*, концентрация; (7) *дхьяна*, медитация; (8) *самадхи*, состояние сверхсознания.

Карма (karma). Последствия действий, свершенных в этой или в прошлых жизнях. Кармический закон есть закон действия и противодействия, причины и следствия, сеяния и пожинания. Каждый человек сам формирует свою судьбу своими мыслями и действиями. Та энергия, которую он сам — благоразумно или же по собственному неведению — приводит в действие, должна вернуться к нему как к своей исходной точке, подобно тому, как круг неизбежно замыкает самого себя. Понимание кармы как закона справедливости помогает освободить человеческий разум от обид на Бога и человека. Карма неотделима от человека и следует за ним от инкарнации к инкарнации — до тех пор, пока она не будет отработана или преодолена духовно. (См. *реинкарнация*.)

Космическое Сознание (Cosmic Consciousness). Абсолют; Дух за пределами мироздания. Этот термин также обозначает достигаемое в медитации состояние *самадхи* — единение с Богом как внутри вибрационного мироздания, так и за его пределами.

Крийя-йога (Kriya Yoga). Священная духовная наука, зародившаяся в Индии несколько тысячелетий назад. Будучи формой *Раджа-йоги*, она включает в себя продвинутые техники медитации, которые ведут к прямому контакту с Богом. Подробное описание *Крийя-йоги* дается в 26-й главе «Автобиографии йога», а получить саму технику могут ученики SRF, подписавшиеся на *Уроки Self-Realization Fellowship Lessons* и выполнившие определенные духовные требования.

Кришна (Krishna). См. *Бхагаван Кришна*.

Майя (maya). Заложенная в структуре мироздания космическая иллюзия, из-за которой Единое Целое представляется множеством. *Майя* — это принцип относительности, контрастности, двойственности, противоположности; это Сатана (ивр. — «противник») в Ветхом Завете. Шри Йогананда писал: «На санскрите слово *майя* буквально означает „измеритель"... *Майя* — это магическая сила в мироздании, из-за которой в Неизмеримом и Нераздельном возникает видимость ограничений и деления... Единственная функция Сатаны (то есть *майи*) в божественном замысле-игре (*лиле*) состоит в том, чтобы отвлекать человека от Духа к материи, от Реальности к ирреальному... *Майя* — это покров преходящих состояний в Природе, бесконечного рождения новых форм; это покров, который каждый человек должен отбросить, чтобы увидеть за ним Творца, неизменяемое Неизменное, вечную Реальность».

Парамаханса (Paramahansa). Титул духовного мастера, достигшего высшего состояния неразрывного единения с Богом. Только истинный гуру может присвоить этот титул своему достойному ученику. Свами Шри Юктешвар присвоил этот титул Парамахансе Йогананде в 1935 году.

Сатана (Satan). См. *майя*.

Самадхи (Samadhi). Духовный экстаз; опыт сверхсознания; в высшем смысле — единение с Богом как с высшей Реальностью, пронизывающей все сущее.

Самореализация (Self-realization). Парамаханса Йогананда дал следующее определение Самореализации как осознания своего истинного «Я»: «Самореализация — это знание телом, умом и душой, что мы едины с вездесущностью Бога и нам не нужно молиться о ней; что она не просто рядом с нами в каждый миг нашей жизни, но что вездесущность Бога — это наша собственная вездесущность и мы сейчас — такая же часть Бога, какой будем всегда. Нам нужно лишь усовершенствовать это знание».

Реинкарнация (Reincarnation). Теория реинкарнации подробно рассматривается в 43-й главе «Автобиографии йога» Парамахансы Йогананды. Там объясняется, что, согласно закону *кармы*, прошлые действия людей порождают определенные последствия, которые притягивают их обратно в материальный мир. Они возвращаются на землю жизнь за жизнью, чтобы проходить через переживания, являющие собой результат этих действий, и продолжать процесс духовной эволюции, чтобы в итоге постичь совершенство души и обрести единение с Богом.

Христово Сознание (Christ Consciousness). «Христос», или «Христово Сознание», суть спроецированное сознание Бога, имманентно присутствующее во всем мироздании. Оно же Единородный Сын в Библии, единственно чистое отражение Бога Отца во всем сущем. В индуистских священных писаниях оно называется *Кутастха Чайтанья*, а также *Тат* (космический разум Духа, пронизывающий все мироздание). Это то универсальное, единое с Богом Сознание, которое было проявлено в Иисусе, Кришне и других *аватарах*. Святые и йоги знают его как состояние *самадхи*, в котором сознание отождествляется с разумом каждой частицы мироздания; они ощущают Вселенную как свое собственное тело. См. *Троица*.

Я (Self). С заглавной буквы — *атман* (душа, божественная суть человека), со строчной — малое «я», то есть человеческая личность, эго. Высшее «Я» есть индивидуализированный Дух, чья истинная природа — вечно сущее, вечно сознательное, всегда новое Блаженство.

Книги Парамахансы Йогананды на русском языке

Издательство Self-Realization Fellowship

«Автобиография йога»

«Вечный поиск»

«Божественный роман»

«Путь к Самореализации»

«Закон успеха»

«Как говорить с Богом»

«Метафизические медитации»

«Научные целительные аффирмации»

«Религия как наука»

«Высказывания Парамахансы Йогананды»

«Внутренний покой»

«Там, где свет»

«Почему Бог допускает зло»

«Быть победителем в жизни»

«Жить бесстрашно»

В издательстве «София» (www.sophia.ru) можно приобрести следующие книги:

«Автобиография йога»

«Бхагавадгита: Беседы Бога с Арджуной»

Другие издания Self-Realization Fellowship на русском языке

«Только любовь»
Шри Дайя Мата

«Как найти радость внутри себя»
Шри Дайя Мата

«Отношения между гуру и учеником»
Шри Мриналини Мата

«Проявление Божественного сознания в повседневной жизни»
Шри Мриналини Мата

Книги Парамахансы Йогананды на английском языке

Доступны напрямую у издателя:
Self-Realization Fellowship
3880 San Rafael Avenue • Los Angeles, California 90065-3219
Тел. +1 (323) 225-2471 • *Факс* +1 (323) 225-5088
www.srfbooks.org

Autobiography of a Yogi

Autobiography of a Yogi
(Аудиокнига, читает Сэр Бэн Кингсли)

The Second Coming of Christ:
The Resurrection of the Christ Within You
Комментарий-откровение изначального учения Христа

God Talks with Arjuna: The Bhagavad Gita
Новый перевод и комментарии

Man's Eternal Quest
Первый том собрания лекций, эссе и неформальных бесед
Парамахансы Йогананды

The Divine Romance
Второй том собрания лекций, эссе и неформальных бесед
Парамахансы Йогананды

Journey to Self-Realization
Третий том собрания лекций, эссе и неформальных бесед
Парамахансы Йогананды

Wine of the Mystic:
The Rubaiyat of Omar Khayyam — A Spiritual Interpretation
Вдохновенный комментарий, проливающий свет на мистическую науку общения с Богом, на которую указывают таинственные образы «Рубайята»

Where There Is Light:
Insight and Inspiration for Meeting Life's Challenges

Whispers from Eternity
Собрание вдохновенных молитв Парамахансы Йогананды и его запечатленных переживаний во время общения с Богом в высших стадиях медитации

The Science of Religion

The Yoga of the Bhagavad Gita:
An Introduction to India's Universal Science of God-Realization

The Yoga of Jesus:
Understanding the Hidden Teachings of the Gospels

In the Sanctuary of the Soul:
A Guide to Effective Prayer

Inner Peace:
How to Be Calmly Active and Actively Calm

To Be Victorious in Life

Why God Permits Evil and How to Rise Above It

Living Fearlessly:
Bringing Out Your Inner Soul Strength

How You Can Talk With God

Metaphysical Meditations
Более трехсот вдохновенных медитаций и одухотворенных молитв и аффирмаций Парамахансы Йогананды

Scientific Healing Affirmations
Парамаханса Йогананда дает здесь глубокое объяснение принципу действия целительных аффирмаций

Sayings of Paramahansa Yogananda
Короткие истории, в которых запечатлены искренние, пронизанные любовью советы и наставления Парамахансы Йогананды всем тем, кто обращался к нему за духовным руководством

Songs of the Soul
Мистическая поэзия Парамахансы Йогананды

The Law of Success
В этой книге Парамаханса Йогананда объясняет динамические принципы достижения целей

Cosmic Chants
Слова и музыка к шестидесяти духовным песням на английском языке; также прилагается вводная статья о том, как духовное пение способствует общению с Богом

DVD (документальный фильм)

Awake:
The Life of Yogananda
Отмеченный наградами документальный фильм о жизни и работе Парамахансы Йогананды

Другие брошюры серии «Искусство жить»

Парамаханса Йогананда

Answered Prayers

Focusing the Power of Attention for Success

Harmonizing Physical, Mental, and Spiritual Methods of Healing

Healing by God's Unlimited Power

How to Cultivate Divine Love

How to Find a Way to Victory

Remolding Your Life

Where Are Our Departed Loved Ones?

World Crisis

Шри Дайя Мата

How to Change Others

Overcoming Character Liabilities

The Skilled Profession of Child-Rearing

Шри Мриналини Мата

The Guru-Disciple Relationship

Брат Анандамой

Closing the Generation Gap

Spiritual Marriage

Брат Бхактананда
Applying the Power of Positive Thinking

Брат Премамой
Bringing Out the Best in Our Relationships With Others

Парамаханса Йогананда
«Автобиография йога»

Эта знаменитая автобиография представляет собой блестящий портрет одного из величайших духовных деятелей нашего времени. Подкупая своей искренностью и неподражаемым чувством юмора, Парамаханса Йогананда ярко описывает вдохновляющие события своей жизни: неординарные переживания детства; встречи с мудрецами и святыми в пору юношества, когда он ездил по Индии в поисках просветленного учителя; десять лет духовного обучения в ашраме под руководством глубоко почитаемого мастера йоги и тридцать лет духовного наставничества в Америке. Он также запечатлел свои встречи с Махатмой Ганди, Рабиндранатом Тагором, Лютером Бербанком, католической стигматисткой Терезой Нойман и другими знаменитыми духовными личностями Востока и Запада.

«Автобиография йога» представляет собой одновременно увлекательнейший рассказ о совершенно необыкновенной жизни и основательное введение в древнюю науку йоги с ее освященной веками традицией медитации. Автор четко объясняет тонкие, но неизменно действующие законы, стоящие как за обыкновенными событиями повседневной жизни, так и за необыкновенными, которые принято называть чудесами. Захватывающее повествование об удивительной жизни перетекает в проникновенный и незабываемый экскурс в глубочайшие тайны человеческого бытия.

«Автобиография йога», уже ставшая современной классикой, переведена более чем на пятьдесят языков и широко используется в колледжах и университетах в качестве авторитетного справочника. Неизменный бестселлер со дня своего появления в печати более семидесяти лет назад, она нашла свой путь к сердцам миллионов читателей во всем мире.

«Исключительно ценная работа»

— The New York Times

«Очаровательное, снабженное исчерпывающими комментариями исследование»

— Newsweek

«Ни на английском, ни на каком-либо другом европейском языке йога еще не была представлена подобным образом»

— Columbia University Press

Уроки
Self-Realization Fellowship

Личные наставления и инструкции Парамахансы Йогананды по техникам йогической медитации и принципам духовной жизни

Если вы чувствуете тягу к познанию духовных истин, описанных в брошюре «Мировой кризис», мы предлагаем вам подписаться на *Уроки Self-Realization Fellowship* (*Self-Realization Fellowship Lessons*).

Парамаханса Йогананда разработал эту серию уроков для домашнего обучения с той целью, чтобы искренние искатели имели возможность самостоятельно изучать и практиковать древние йогические техники медитации, которые он представил Западу, — включая науку *Крийя-йоги*. *Уроки SRF* содержат, помимо прочего, практическое руководство по обретению сбалансированного физического, психологического и духовного благополучия.

Уроки Self-Realization Fellowship распространяются за символическую плату, чтобы покрыть расходы по печати и отправке материалов по почте. Все обучающиеся могут рассчитывать на бесплатную консультацию по практическим аспектам уроков со стороны монахов и монахинь общества Self-Realization Fellowship.

Если вы желаете знать больше…

Пожалуйста, посетите веб-сайт www.srflessons.org, чтобы запросить брошюру с исчерпывающей информацией по *Урокам SRF*.

www.ingramcontent.com/pod-product-compliance
Lightning Source LLC
Chambersburg PA
CBHW031438040426
42444CB00006B/864